CONDITION

DE LA

CLASSE OUVRIÈRE EN ANGLETERRE

(1828)

NOTES DE VOYAGE DE GUSTAVE D'EICHTHAL

Extrait de la *Revue historique*,
Tome LXXIX, année 1902.

(Les tirages à part ne peuvent être mis en vente.)

PARIS

FÉLIX ALCAN, ÉDITEUR

108, BOULEVARD SAINT-GERMAIN

1902

CONDITION

DE LA

CLASSE OUVRIÈRE EN ANGLETERRE

(1828)

NOTES DE VOYAGE DE GUSTAVE D'EICHTHAL

Extrait de la *Revue historique,*

Tome LXXIX, année 1902.

(Les tirages à part ne peuvent être mis en vente.)

PARIS

FÉLIX ALCAN, ÉDITEUR

108, BOULEVARD SAINT-GERMAIN

1902

CONDITION

DE

LA CLASSE OUVRIÈRE EN ANGLETERRE (1828).

—

NOTES PRISES PAR GUSTAVE D'EICHTHAL.

———

En 1828, mon père avait vingt-quatre ans. Il avait été pendant plusieurs années l'élève d'Auguste Comte, d'abord comme étudiant en
mathématiques, puis comme disciple philosophique. Les lettres échan-
gées pendant un voyage que mon père fit en Allemagne (1824) et qui ont
été publiées d'abord fragmentairement par Littré (dans son livre sur
Auguste Comte), puis d'une façon complète par la *Revue d'Occident*
(19ᵉ année, p. 403), prouvent les liens de pensée et d'affection qui
s'étaient formés entre le maître et l'élève. Cependant, mon père,
après une forte initiation scientifique et philosophique, s'était décidé
à tenter la carrière commerciale, où il ne devait d'ailleurs pas persé-
vérer. A la suite d'un premier apprentissage au Havre, et déjà en
contact avec les futurs fondateurs de l'École saint-simonienne, il
partit en 1828 pour l'Angleterre, où il voulait explorer la vie indus-
trielle, alors au début de son immense épanouissement et qu'agi-
taient déjà les idées de réformateurs hardis, comme R. Owen. Ce sont
des notes prises par mon père pendant ce voyage, que j'ai retrou-
vées dans ses papiers : elles sont le résumé soit d'observations directes
du jeune voyageur, à la suite de visites faites dans les manufactures,
soit de conversations avec des personnes autorisées, bien au courant
des choses concernant la vie ouvrière d'alors. Elle était en général
assez misérable, comme on le verra une fois de plus par quelques
extraits pris dans ces notes[1]. Le spectacle que mon père avait eu

---

1. Mon père, dans un journal adressé à ses parents et que je n'ai pas
retrouvé, décrivait cette misère des grandes villes dans des termes saisissants
à en juger par le passage d'une lettre de sa mère qu'il avait conservée : « Ce
qui m'a le plus surpris, c'est la misère qui règne dans certains quartiers et
dont tu nous fais une peinture si hideuse. Au moins, chez nous, tout le monde
est assez poli. Nous pouvons traverser tous les quartiers de Paris en toute

sous les yeux en Angleterre ne fut pas sans influer sur la direction
que prirent ses idées au point de vue du saint-simonisme et du
désir d'une transformation profonde dans l'organisation sociale
et morale. Il eut un moment l'idée de reprendre ces notes et d'en
faire la base d'un ouvrage d'ensemble sur l'Angleterre, idée dont on
retrouve la trace dans sa *Correspondance avec J. S. Mill*[1] (lettre de
Mill du 11 mars 1829). Mais absorbé par la propagande saint-simonienne, à laquelle il se voua tout entier pendant quelques années, il
ne mit pas ce projet à exécution. Il revint en Angleterre avec
Ch. Duveyrier en 1832, à titre de missionnaires saint-simoniens. Les
poursuites dirigées contre l'École l'obligèrent à abréger sa mission
et à retourner à Paris auprès de ses co-religionnaires.

Eugène d'Eichthal.

Classe ouvrière à Londres.

J'ai parcouru avec M. William Hawes, fabricant de savon, les maisons de plusieurs de ses ouvriers.

Généralement, ces maisons n'ont que deux ou une fenêtre sur la largeur, un étage souterrain et trois étages au-dessus du sol. Généralement aussi, l'ouvrier avec sa famille occupe l'étage souterrain et le
rez-de-chaussée et loue les étages supérieurs. Derrière est une petite
cour, si petite qu'elle mérite à peine ce nom. Ces maisons sont propres;
il y a très peu de meubles; les lits sont peu garnis. Dans presque
toutes, une pendule ou une horloge semble être un meuble de première
nécessité. Ils ont des lieux d'aisance tenus proprement.

Dans la misérable bicoque dont je parlerai, occupée par un Irlandais,
je vis de la viande avec des pommes de terre préparée pour le dîner du
fils. Il parait que même les Irlandais, dont les salaires sont les plus
bas, et qui sont fort mauvais ménagers, mangent de la viande une fois
le jour. Les Irlandais sont réputés pour leur malpropreté et leur
désordre. Ceux que j'ai vus, à l'exception de deux (et la femme de l'un
était Anglaise), ne méritaient pas, du moins à ce qu'il me semble,
cette réputation. Il y avait beaucoup d'ordre dans leur chambre.

Quant aux bons ouvriers anglais, ils mangent de la viande à chaque
repas (je crois une livre); ils mangent aussi deux livres de pain
par jour.

La journée de travail est généralement de six heures du matin à six
heures du soir, faisant dix heures de travail, auxquelles on ajoute com-
munément une ou deux heures le soir. Les ouvriers les moins payés

sûreté, grâce à nos gendarmes, pour lesquels j'ai toujours eu beaucoup de considération. Depuis que je sais ce que c'est que la liberté anglaise, j'ai maintenant une profonde vénération pour ces Messieurs... »

1. Alcan, 1 vol. in-18, 1898.

chez M. Hawes reçoivent 18 sh.; ceux immédiatement après, 21 sh., et ainsi de suite jusqu'aux mécaniciens et ouvriers de confiance, dont le salaire ordinaire s'élève à 36 sh. par semaine et avec les heures en sus et nuits de travail à 40 et 50 sh.

1° Maison d'un mécanicien à 36 sh. de gages pour dix heures. Quoiqu'il soit constamment malade, il peut avoir à lui 40 ou 50 l. st. (1,000 à 1,200 fr.); le loyer de sa maison est de 10 l. 1/2 par an ou 4 sh. 1/2 par semaine. Sa chambre et sa cuisine ont fort bonne apparence.

2° Maison d'un ouvrier à 24 sh. (nuit et heures en sus comprises) : loyer de la maison, 5 sh. par semaine; il loue le premier étage à 3 sh. et dans le second deux lits : chacun de ces lits à deux hommes, qui payent chacun 18 pence par semaine.

3° W..., ouvrier de confiance, nous montra sa maison dans laquelle sa femme tient une boutique. Ce sont ce qu'on appelle des gens très comme il faut. Il a six chambres au-dessus du sol, dont il loue quatre, réservant pour lui la cuisine et le rez-de-chaussée. Son loyer est de 26 l. st.; il serait de 32 à 33 si un mauvais voisinage ne tendait pas à faire baisser le prix des loyers dans cette rue.

4° Enfin, nous vîmes deux baraques occupées par des Irlandais; leurs femmes et leurs hôtes étaient des personnages très dégoûtants, et la plus grande malpropreté régnait dans les chambres. Ils louaient les deux chambres supérieures chacune à deux hommes, chaque homme payant 1 sh. 1/2; la mauvaise conduite de ces hommes était la cause de leur misère. W... me dit qu'avec 80 guinées un ménage de quatre enfants pouvait très bien subsister pourvu que la femme fût bonne ménagère.

Écoles élémentaires.

The benevolent society of S. Patrick, près d'Old bargehouse.

Cette Société a été fondée par des nobles irlandais pour les enfants de pauvres Irlandais vivant à Londres. Elle contient 200 à 250 garçons et 100 filles. La dépense annuelle est de 1,500 l. st., dont 800 en rentes sur l'État et 700 en souscriptions.

Les enfants reçoivent des bas, des souliers, des habits même; ils sont mis en apprentissage moyennant 5 l. st. et reçoivent 5 l. st. après leur apprentissage lorsqu'ils se conduisent bien. Ces enfants viennent de tous les quartiers de Londres. Pour des enfants qui appartiennent à la classe la plus misérable de Londres, ils paraissent en très bonne santé et ne sont pas mal vêtus. Ils restent à l'école de 9 heures à 2 heures; ils apprennent à lire, à écrire, à calculer; on évite tout ce qui a rapport à l'instruction religieuse et on admet des enfants de toutes les communions.

Classe ouvrière. — Domestiques.

M. Palmer, ingénieur des London Docks, me dit que, dans les ouvriers de manufacture, il faut distinguer trois classes suivant le degré d'habileté; que la dernière classe dans les villes de manufacture est tout à fait abrutie; qu'elle est fort inférieure sous le rapport de l'intelligence et de la bonne conduite à la classe ouvrière qu'il a connue autrefois. Il me dit que les ouvriers de Spitalfield, qui filent la soie, sont des espèces de petits fabricants travaillant pour leur propre compte; que ceux-là, en effet, sont des gens très éclairés, des savants; mais que, si le filage de la soie par mécanique est introduit, comme on l'a déjà tenté, ces ouvriers-là aussi pourront être rabaissés au niveau des tisseurs de coton.

Le salaire des manouvriers aux bassins de Sainte-Catherine est de 21 sh. pour six jours et douze heures de travail par jour. Les journaliers employés dans la manufacture de savon de M. Hawes reçoivent le même salaire. Le jardinier de M. Castellain, à Clapton, de même. En proportion de la plus grande habileté des ouvriers, les salaires s'élèvent à 21, 28 sh. et plus.

M. Brunel se plaint des goûts dispendieux des ouvriers. Ils donnent à déjeuner à leurs enfants des petits pains chauds avec du beurre frais, ce qui fait une énorme consommation de beurre frais. Il leur faut du thé, du sucre, etc.

Les gages d'un domestique varient de 20 à 25 sh., ceux d'une cuisinière de 16 à 20, ceux d'une bonne de 12 à 16. Mais la manière de vivre des domestiques rend leurs gages en réalité plus élevés qu'ils ne paraissent. Il leur faut des viandes rôties, des poudings, etc. Dans une maison où l'on mange de la soupe tous les jours, on me disait que le bœuf bouilli ne paraissait jamais même sur la table des domestiques; on me disait que jamais les domestiques ne consentiraient à recharger le thé de leurs maîtres, qu'il leur en fallait du frais, du sucre de première qualité, etc.

On me disait que les ouvriers épousant souvent des filles qui avaient été au service, celles-ci leur inspiraient les mêmes goûts de luxe. Ces mêmes journaliers qui reçoivent une guinée par semaine sont obligés de payer 3 sh. pour une chambre. Les mauvais grabats de *Petticoat lane* se payent 2 sh.

Le salaire d'un bon ouvrier tailleur est de 36 sh. par semaine.

Prix de divers objets à Londres.

Une maison de deux fenêtres de largeur et trois étages au-dessus du sol dans Bridgestreet Blackfriars avec les taxes coûte un loyer de 260 l. st. (6,500 fr.); une maison à Richmond Terrace Whitehall, 600 l. st. (15,000 fr.), trois fenêtres de largeur et trois étages au-dessus du sol. Une maison pour une famille dans les rues ordinaires de East-End coûte au moins 200 l. st. Un habit coûte 4 l. st. 1/2, une redingote couleur de fantaisie 4 l. st. 1/2, un beau gilet en poil de chèvre 18 sh., un beau pantalon 21 à 24 sh. Il n'est pas ici question d'un tailleur de grand genre; chez ceux-là, vous payez ce qu'ils veulent. Une paire de bottes coûte 2 l. st. 2, une paire de souliers 12 à 15 sh.; vous voyez cependant chez les cordonniers du commun des souliers, qui paraissent très forts et bons, exposés en vente à 8 et 9 sh.

Note de blanchissage.

Une chemise.	5 pence
Une cravate.	2 —
Mouchoirs, bas.	1 —
Gilet	4 —
Pantalon	6 —

Vous ne pouvez guère dîner à la taverne sans vin à moins de 3 ou 4 sh.

Vous pouvez vous mettre en pension, ayant votre chambre à coucher et une nourriture très abondante, pour 70 l. st. par an.

Une chambre à coucher et un salon dans Arundel street ou les environs ne coûtent pas moins de 25 à 30 sh. Ceux qui tiennent les appartements meublés fournissent presque toujours la table quand on le désire; c'est généralement 18 pence à déjeuner et 3 sh. à dîner, soit 1 l. st. 1/2 par semaine.

Entretiens avec M. Smith, rédacteur du « Bolton Chronicle, » ancien fileur, ouvrier.

Mœurs des ouvriers en général.

A Bolton (et malheureusement presque partout ailleurs), le cabaret est le lieu de perdition des ouvriers. Tout leur superflu s'en va en boissons fortes. Ensuite viennent les discussions, les querelles et les batailles.

Les ouvriers bottiers et tailleurs ne sont pas moins désordonnés que ceux des manufactures. Les *Weavers* (tisserands) sont assez réguliers maintenant parce que leurs salaires sont très bas; mais, quand ils étaient élevés, leur conduite était plus mauvaise que celle de tous les autres; travaillant chez eux, à la pièce, ils ne sont soumis à aucune contrainte. La débauche parmi les ouvriers des « Cotton Mills » est extrême : elle est fort grande dans la campagne en général; il n'est pas rare de voir un jeune homme avec trois ou quatre enfants naturels, de différentes femmes, pour lesquels il paye 1 sh. 6 p. par semaine, et cependant ne se mariant pas.

Les femmes servent généralement de *Piecers* aux *Spinners* (fileurs) et il n'y a guère de *Spinner* qui ne séduise sa *Piecer*. Les filles et les garçons, travaillant dans une température si élevée, travaillent presque nus en été; les femmes, en conséquence de cette température, sont nubiles de bonne heure, souvent à douze ans. Il n'y a pas d'homme gagnant si peu qui ne parvienne à mettre de côté de quoi se griser le samedi soir, et il en est de même dans tout le Lancashire. Il y a réellement très peu d'hommes respectables dans cette classe.

En conséquence de l'émotion causée par le déjeuner donné la veille à M. Peel, la ville était pleine de gens soûls.

Probablement, la boisson est nécessaire aux *Spinners;* c'est la seule chose qui les soutient.

Instruction.

Généralement on se fait une idée beaucoup trop avantageuse de l'instruction des ouvriers anglais. On voit à Londres les plus intelligents envoyés en députation, et on suppose que les autres leur ressemblent, ce qui est faux.

On a établi une *Mechanics Institution* à Bolton ; il y a de bons cours, une bonne bibliothèque de 1,000 volumes ; le prix de la souscription est de 10 sh. Cependant, sur une population de 40,000 âmes, il n'y a pas cent souscripteurs ; on sera probablement obligé de la fermer. Beaucoup d'ouvriers trompés par le mot de *Mechanics Institution* demandent à quoi bon leur apprendre leur métier et croient que les maîtres veulent s'emparer de leur savoir pour les renvoyer ensuite. Un préjugé semblable a nui à la *Mechanics Institution* de Manchester ; les ouvriers se plaignent, dans cette dernière ville, en outre, qu'ils n'ont pas une part suffisante dans la conduite de l'*Institution*. M. Black, médecin à Bolton, essaya de donner gratuitement un cours d'anatomie ; il ne fut pas suivi ; quelqu'un disait que, pour amener les Anglais à l'*Institution*, il y fallut donner tous les soirs quelques pintes d'ale. Si je pouvais voir M. Place seulement pour une couple d'heures, me disait M. Smith, je le détromperais sur bien des points ; je lui montrerais que le *millenium* est encore bien loin. Je lui dis qu'à mon avis tout le mal venait du manque d'une bonne éducation et qu'il n'y aurait rien à espérer tant qu'on serait sous le joug des dévots. Je lui demandai ce qu'il pensait de la Bible... Vous voyez ce portrait, me répondit-il, en me montrant le portrait de Ch. Payne.

Il me dit qu'il y avait certainement un bon nombre de *Freethinkers* (libres penseurs) à Bolton, les uns, parce qu'ils étaient éclairés ; les autres, moins louables, pour se débarrasser du frein de la religion ; mais la plupart n'osaient pas l'avouer. Les maîtres n'aimaient pas les ouvriers connus pour être *Freethinkers;* ils les gouvernaient moins aisément. La majorité est favorable à l'émancipation catholique. Dans les temps ordinaires, les *Weavers* ne s'occupent point, ou presque point, de politique. Quand la détresse arrive, ils commencent à s'en occuper, croyant que le gouvernement est la cause de leurs souffrances ; il y a longtemps qu'il n'a été question de réforme parlementaire. Dans ce moment-ci, les affaires d'Irlande commencent à éveiller l'attention ; on ne s'occupe pas du tout des affaires étrangères.

On est abondamment pourvu de *Sunday schools.* Mais il est douteux si elles sont nuisibles ou utiles ; elles servent à perpétuer les disputes religieuses. Bolton a été de tout temps un nid d'orangisme ; néanmoins cela a bien changé. Le dimanche, il n'est pas permis de se promener dans les rues pendant le service divin ; les constables font la patrouille et arrêtent ceux qui n'ont pas l'air gentleman et les mènent à l'église par le collet ; parfois, ils sont mis à l'amende par les magistrats. Mais ils reculent quand ils trouvent à qui parler.

Condition des ouvriers manufacturiers.

La concurrence des Irlandais est extrêmement nuisible aux journaliers et aux *Weavers* ; il vient beaucoup de *Weavers* de l'Irlande ; quant aux *Spinners*, on les choisit presque toujours parmi les enfants qui ont été élevés dans les Mills : il y a fort peu d'Irlandais parmi eux.

Quand un *Spinner* a atteint quarante ou quarante-cinq ans, il est généralement épuisé ; à la première occasion, on le renvoie ; s'il n'a pas économisé, il est réduit à colporter du cirage, ramasser des chiffons ou aller au *poorhouse* ou balayer les rues.

Les *Weavers* en *Coverlaids* (couvre-pieds) ne gagnent pas plus de 12 sh. par semaine et le petit garçon aide 4 sh.

Le nombre d'heures de travail effectif est de douze ; mais à Wigan, à quelques milles de Bolton, on travaille encore treize et quinze heures. M. Smith pense qu'une *maison commune* où ils mangeraient ensemble ne conviendrait pas aux ouvriers. Leur but est de gagner et de dépenser le plus possible.

La doctrine de Malthus dont le succès peut seul assurer le bien-être des classes ouvrières n'a encore fait aucun progrès parmi elles. Le livre de Carlisle (*Every woman's book*) n'a pas d'approbateur.

Il y a peu d'Irlandais à Bolton comparativement avec le reste du Lancashire, parce qu'ils y étaient trop maltraités, surtout en leur qualité de catholiques. Le préjugé est moins fort maintenant ; mais, en général, en Angleterre, quand on parle d'un Irlandais même entre gens du peuple, c'est avec un profond dédain. Lorsque Dorthé fut nommé secrétaire du comité des *Spinners* à Manchester, cela fit un grand scandale.

Ce fut en 1803, dans la guerre qui suivit la paix d'Amiens, que les salaires des *Weavers* commencèrent à tomber, et ils n'ont pas cessé de décliner depuis ; à cette époque, ils allaient de 30 à 40 sh. par semaine.

Maintenant, un *Weaver* ne gagne pas plus de 8 sh. par semaine ; il est payé comme il suit :

60 Reed-Bolton Count-Standard 7 sh. a cut, ou 24 yards 120 shots, in an inch 6/4 width. — Le journalier qui travaille pour un *Weaver* n'a que 5 sh. 3 d. ; il donne au maître 25 %. Quelques *Weavers* qui, sur leurs économies, ont pu précédemment acquérir trois ou quatre *looms* (métiers), se tirent passablement d'affaire en faisant travailler des journaliers. Un homme ne peut pas faire beaucoup plus d'une pièce par semaine.

Les *Weavers*, pour les *Fancy fabrics* (fantaisie), sont mieux payés, mais ont aussi plus de frais.

La misère des *Weavers* peut provenir jusqu'à un certain point de l'introduction du *power loom*; il semble, en visitant les *power loom factories* (métiers mécaniques), qu'aucun ancien tisserand n'y est employé, mais seulement de toutes jeunes filles.

Plus probablement peut-être elle a été causée par l'affluence des *Weavers* irlandais et plus encore par la multiplication excessive dans les familles des *Weavers*. C'est un état qui a beaucoup de charmes, parce qu'il laisse à l'ouvrier, travaillant dans sa propre demeure, une grande indépendance; d'ailleurs, il est facilement appris; en six mois, on fait un *Weaver*, on en a la preuve dans les maisons de correction. Un enfant de dix ans est mis au métier; il est difficile de l'employer autrement, car dans beaucoup d'états on n'admet que les enfants de la balle.

Si l'on prend ensemble les salaires des hommes, femmes et enfants parmi les *Weavers*, la moyenne ne serait peut-être pas plus de 4 sh. Cependant, en allant à Bolton, nous rencontrâmes sur la route des centaines d'hommes qu'on nous dit principalement *Weavers* se rendant à une *Foot race* (course à pied) près de Manchester. Ils répareront le temps perdu avec le travail de nuit.

Les *Spinners* ne gagnent pas en moyenne plus de 18 sh. (je crois que c'est trop bas), quoique quelques-uns puissent gagner jusqu'à 30 sh. Les femmes qui ne sont guère employées que comme *Piecers* gagnent de 7 à 8 sh. Le salaire nominal est extrêmement réduit par le système des *amendes*, dont les maîtres abusent cruellement. Les ouvriers ont voulu réclamer dernièrement : on ne les a même pas écoutés.

Un autre abus est encore plus criant : les maîtres construisent des rangées de maisons et obligent chacun de leurs *Spinners*, fût-il un jeune homme de seize ans vivant chez sa famille, à en louer une. C'est 7 guinées par an que l'on déduit chaque mois de ses gages (abus de ne payer les gages que toutes les semaines, on y met opposition entre les mains des maîtres. *Gazette de Glascow*).

Ces différentes exactions sont au total un moyen de diminuer le taux des salaires, diminution à laquelle les ouvriers ne veulent pas se soumettre.

C'est quelquefois par de pareils profits sur le logement et la nourriture des ouvriers que les grands établissements se tirent d'affaire, tandis que les petits perdent. En même temps, les maîtres évitent les inconvénients d'un *strike* (grève) ou *turn out* (congédiement) et les *poor taxes* qu'il faudrait payer aux ouvriers sans emploi (M. Simpson).

Les *Spinners* se marient très généralement à l'âge de vingt ou vingt et un ans. On a toujours la ressource d'envoyer les enfants au *Cotton Mill*, et on a la ressource de la *paroisse*.

Depuis quelque temps, les magistrats à Bolton sont devenus très sévères : ils n'allouent aucun secours lorsque la famille a l'un dans l'autre 2 sh. par semaine.

Les taxes des pauvres sont maintenant 2 sh. 6 d. par livre sur l'*assessed*, rente qui est égale aux 2/3 de la rente réelle.

Le métier de *Spinner* s'apprend aisément. On peut former un jeune homme, en faire un *Spinner* très passable, en un an. On peut compter parmi la classe ouvrière un enfant tous les deux ans; la mortalité n'est pas grande, les maisons sont saines.

Manière de vivre.

Chaque famille a sa maison. Il n'y a que les Irlandais qui vivent plusieurs dans une chambre.

La maison de M. Smith, au centre de la ville, dans un nouveau quartier, 2 *bed rooms*, coûte 6 l. par an et 12 sh. de taxes.

Les *Weavers* mangent généralement du *Porridge au lait* (farine d'avoine) à déjeuner et à souper, des pommes de terre et du lard à dîner.

Les *Spinners* vivent, comme de juste, un peu mieux. Pain, 2 d. la livre, actuellement 2 d. 1/2; bière, en gros, 2 sh. le gallon; la meilleure, en détail, 5 à 7 d. le quartier ou 1/4 de gallon, ou 2 d. 1/2 à 3 d. 1/2 la pinte (bue au cabaret, 3 ou 4 d.).

Pommes de terre, 8 d. par 20 l. en gros, ou 210 l. 6 sh. 6 d. Elles ont été longtemps à 5 sh.; mais il est probable qu'elles monteront maintenant. Le charbon de 5 à 10 sh. par tonne. C'est le bon marché des provisions qui a soutenu la classe ouvrière ces trois dernières années. Une cherté cet hiver serait terrible.

Classe ouvrière. — Entretiens avec John Kennedy et autres.

Les ouvriers gagnent suffisamment de quoi vivre maintenant; si les salaires étaient plus hauts, ils travailleraient moins. Leur seul objet est toujours de *Keep the body and soul together.*

Il y a à Manchester des banques d'épargne que l'on ne connaît pas. Dès qu'un homme a gagné quelque chose, il s'associe avec son voisin et ils bâtissent une petite maison, jusqu'à ce que l'un des deux puisse devenir seul propriétaire.

M. Dalton nous disait qu'il y avait près de Manchester une société de *Weavers* qui connaissaient à fond la botanique.

M. John Kennedy regarde quarante comme le numéro moyen des filés de Manchester et 20 sh. comme le taux moyen des salaires des fileurs.

Le *Courrier* du 14 octobre dit qu'à Glascow les tisserands font de 8 à 10 sh. par semaine et les fileurs de 24 à 25.

Smith m'avait dit qu'à Bolton la moyenne des salaires n'est que 18 sh. En effet, à mesure qu'on s'éloigne de Liverpool vers le nord, les salaires diminuent. M. Kennedy pense que généralement les ouvriers ne sont pas capables de passer d'une branche à l'autre.

Il dit qu'un fileur à quarante ans n'est pas précisément usé, mais qu'il n'a plus la même activité qu'un jeune homme et que par conséquent on donne sa place à celui-ci.

M. Houldsworth's factory.

Les femmes aux *Spindle and fly frames*, avec 170 spindles, gagnent de 18 à 20 sh. par semaine. Les *Spinners*, avec des *Mules* de 320 spindles, gagnent de 2 à 4 l. st. par semaine net. Mais les ouvriers pour des numéros très fins ne sont pas faciles à trouver. Il faut qu'ils aient une longue expérience, une parfaite connaissance de la machine. Quelques-uns des ouvriers de M. Houldsworth ont été vingt-cinq ou trente ans avec lui. Ils sont obligés de renvoyer beaucoup de mauvais avant d'en avoir un bon.

La température n'est pas plus élevée que 75 degrés Fahrenheit, c'est-à-dire 18 à 20 degrés Réaumur; une chaleur plus forte serait plutôt nuisible, la transpiration aux mains des ouvriers gâte le fil. M. Houldsworth me dit que ce sont les ouvriers eux-mêmes qui chauffent les salles à l'excès, qu'on ne peut obtenir d'eux d'ouvrir une fenêtre, et que souvent lui-même, lorsqu'il entre dans les salles, est obligé de le faire. Les numéros filés sont de 100 à 240.

Classe manufacturière.

Leeds. M. Gott. (Manufacture de draps.) — En nous montrant son splendide établissement, M. Gott nous fit remarquer la bonne tenue de ses ouvriers; il nous les cita en exemple pour nous prouver que leur grand travail n'avait pas pour effet de corrompre leur moral. Le père travaille avec ses enfants autour de lui; la mère est également employée dans la manufacture; mais généralement les hommes travaillent séparés des femmes.

Il nous assura que leur conduite était irréprochable; que, d'ailleurs, s'ils se conduisaient mal, ils seraient renvoyés. — Il nous fit remarquer aussi que la température était extrêmement modérée et que le genre de travail n'était nullement nuisible à la santé des ouvriers. Je crois parfaitement que, si tous les maîtres avaient le même soin de leurs ouvriers que M. Gott, le travail des manufactures ne serait nuisible ni à leur santé ni à leur moral. — Néanmoins, mon hôtesse, Mme Hirst, me dit que, quand une jeune fille a été dans une manufacture, c'est une fort mauvaise recommandation pour elle si elle désire se placer comme servante.

On me dit qu'un *Weaver* en drap gagne de 15 à 16 sh. par jour.

Berkshire. — Les baux de ferme s'y font d'ordinaire pour trois ou sept ans, quelquefois pour un an.

La paroisse de Bucklebury, de 1,200 habitants, paye 1,200 l. st. de taxe des pauvres.

On m'a cité une famille, homme, femme et cinq enfants, qui vit avec 10 sh. par semaine.

Un journalier gagne 7, 8, 9 sh. en été et 6 sh. en hiver; ils vivent de pain et d'eau. Le loyer d'un cottage varie de 50 à 10 sh. par an.

M. Hennes m'assure que les journaliers travaillent pour 4 sh. par semaine. Il en avait un chez lui qu'il payait ce prix, mais il le nourrissait. Lorsque les journaliers n'ont pas d'ouvrage, la paroisse leur alloue le prix de deux pains par semaine, ce qui varie de 2 sh. 1/2 à 3 (lorsqu'ils ont des enfants, on leur donne un pain par lit d'enfant). Dans ce cas, on les emploie à réparer les routes. La paroisse de Bucklebury a dépensé cette année 100 l. st. pour faire travailler au chemin de *Chapel Row* qui n'en avait réellement pas besoin. Dans quelques occasions, on accorde aux malades et aux vieillards quelques secours en nature en sus de l'allocation hebdomadaire.

Comme on peut le penser d'après le taux des salaires, beaucoup de gens ne vivent souvent que de pain et d'eau; le lard est la principale nourriture en sus du pain.

Il paraît que la honte de recevoir des secours de la paroisse n'a plus aucun empire sur les gens de la paroisse; ils viennent les demander en disant : *Sir, give me money* (Monsieur! de l'argent!).

Un *bricklayer* (briquetier) à Bucklebury peut gagner 18 sh. ou 1 guinée par semaine, mais seulement en été.

M. H. me dit qu'un gentleman marié sans enfants ne peut pas vivre à la campagne décemment à moins de 500 l. st. Une servante a 12 l. st., un domestique le double. — On prétend que la machine à battre le blé est une des causes de la misère dans les campagnes, parce qu'elle prive les ouvriers du seul travail qui leur fût assuré pendant l'hiver. Ici comme ailleurs, il arrive souvent que les filles soient enceintes avant de se marier.

Fête champêtre à Bucklebury.

Le 28 juillet, nous avons eu le *Revel* de Bucklebury; autrefois, le *Lord of the manor*, M. Hartley, donnait un prix pour un combat au bâton; mais, un homme ayant été tué, il donne maintenant une coupe de 5 l. st. pour une course de poneys (la loi ne permet pas l'établissement de courses à moins d'un prix de 50 l. st. afin d'en diminuer le nombre; mais elle n'est pas strictement observée). Deux jours avant la fête, les *gypsies* commencèrent à arriver; c'est une espèce de peuple nomade; ils voyagent dans des fourgons de fort bonne apparence, et, quand ils veulent s'établir quelque part, ils dressent quelques mauvaises tentes. Ils ont conservé entièrement leur physionomie primitive; les femmes et les enfants sont couverts de haillons, et au total leur aspect est dégoûtant quoique l'on voie quelques individus fort beaux. Ils vivent par une espèce de brocantage dans la contrée et surtout de pillage. La fête n'a pas cessé de décliner depuis quelques années, et on me dit que cette année-ci était encore pire que les autres. Il y avait cependant quelques équipages, un assez grand nombre de gigues et de cavaliers. Mais on me dit que tout cela n'était généralement pas de bonne compagnie. Je vis là plusieurs amateurs de chevaux, quelques-uns fort riches, mais qui n'en sont pas moins les plus brutes des brutes. Dans la journée et dans la soirée, il y eut cinq ou six cottages enfoncés et une chambre chez l'aubergiste. Il y eut des batailles : un constable et ses assistants, envoyés pour se saisir d'une femme, furent assaillis par sa bande et laissés pour morts sur la place. Le lendemain matin à neuf heures j'entrai dans l'auberge, j'y trouvai les *gypsies* dansant et buvant au son d'un violon; j'y vis aussi entrer un caporal recruteur et ses recrues, tous un peu dans les vignes du Seigneur.

Établissement de M. R. Owen à New-Lanarch.

La filature n'a rien de remarquable; les machines sont anciennes, mais fort bien tenues; comme on file de bas numéros, on peut donner aux ateliers une température mitigée. Les femmes ont l'air décent.

Le nombre des heures de travail n'est que de onze, tandis qu'il est de douze ailleurs. Les gages sont payés en argent seulement tous les mois.

École des enfants.

Cette école est destinée aux enfants des ouvriers et même à tous ceux qui désirent y être admis. On prend les enfants à deux ans et demi ou trois ans, dès qu'ils marchent bien; pendant quelque temps, ils ne font que jouer dans la cour sous la surveillance d'une femme; au bout d'un certain temps, ils commencent l'alphabet, la géographie et l'histoire naturelle.

1re classe. — Vers l'âge de quatre à cinq ans, ils entrent dans l'école proprement dite; ils continuent la lecture, la géographie, l'histoire naturelle; ils commencent l'écriture et l'arithmétique.

2e classe. — Ils entrent dans cette classe à environ huit ans; ils doivent pour cela être familiers déjà avec la lecture, l'écriture, les éléments de géographie et d'histoire naturelle et les quatre règles. On continue ces branches d'instruction en y joignant un peu de botanique et d'astronomie. En même temps, ils apprennent la danse et la musique; les garçons apprennent le dessin, les filles la couture.

Après l'âge de dix ans, les enfants sont en général employés à la manufacture. On ne les y reçoit pas avant ce temps; alors, ils continuent à venir à l'école le soir, et on les fait lire, écrire, calculer; on tâche aussi de les maintenir dans ce qu'ils ont appris de sciences exactes. Mais le temps n'est pas suffisant pour les y initier plus avant. Cela serait possible si on disposait d'eux le dimanche; mais ils sont obligés d'aller à l'église avec leurs parents; on les réunit seulement à quatre heures pendant une heure pour leur faire chanter des psaumes. Nous avons assisté à un exercice de lecture de la 2e classe; il consistait à faire épeler de mémoire à deux enfants des mots qu'on leur prononçait d'après une liste imprimée. On avait choisi tout ce qu'il y avait dans la langue de mots biscornus. Les enfants répondaient avec la plus grande justesse et la plus grande rapidité.

On leur fait lire à haute voix dans un recueil de morceaux choisis;

on a d'excellents tableaux coloriés de grande dimension pour la géographie, l'astronomie, l'histoire naturelle et la botanique. — Le maître interrogea devant moi un élève (il est vrai que c'était un des meilleurs) sur les éléments ou au moins les principes généraux de ces diverses sciences, même un peu sur l'histoire de l'astronomie; je me convainquis qu'il l'entendait fort bien. Dans la chambre où l'on prépare les tableaux, j'en vis un, commencé, destiné à représenter la marche de l'esprit humain par une suite de peintures faisant voir les principaux événements de chaque époque; l'idée est fort bonne, mais il fallait une conception philosophique pour la rendre exécutable. L'auteur a voulu faire marcher en même temps les Babyloniens, Assyriens, Grecs, Romains, etc.; il n'avait pas encore fait le moyen âge. Probablement, c'est trop difficile; s'il avait conçu l'unité de l'histoire, sa tâche eût été plus facile.

Dans tous les exercices de mémoire, on trouve les petites filles au moins égales aux petits garçons, pour la géographie par exemple; mais, pour tout ce qui exige une combinaison d'idées, elles sont décidément inférieures. Les maîtres de l'école donnent aussi dans la phrénologie; tout le monde s'en mêle; ils tâtent la tête aux enfants.

Il y a toujours au moins deux maîtres dans une même salle. C'est une fort bonne chose; ils s'observent davantage. Il me parait que la seule punition infligée aux enfants est de les faire tenir à une place particulière derrière le maître. Quand leur attention parait fatiguée, on les envoie jouer.

Pendant que nous étions là, on distribua quelques prix aux enfants qui avaient le mieux lu. C'étaient quelques objets de quincaillerie, des livres d'arithmétique, des Nouveaux Testaments. C'était pour ces derniers que les enfants paraissaient avoir le plus de goût, quoique non pas les maîtres. Il est vrai qu'ils étaient les mieux reliés; mais, en outre, c'était sans aucun doute le goût des parents.

Religion en Écosse.

Sermons du Rév. D\u2072 Chalmers sur l'astronomie. Il démontre qu'elle n'est pas contraire à la religion.

Affiches dans les rues de Glascow annonçant que M. Edmunds de Londres, de la congrégation des Universalistes (ceux qui croient à la Rédemption universelle), prêchera un sermon sur l'universalité de la doctrine évangélique suivi d'un cours d'astronomie.

Dévotion. — Leeds.

Mon hôtesse, M\u1d50\u1d49 Hirst, me dit que les gens de Leeds sont connus au loin pour leur régularité et leurs sentiments religieux. Nulle part on ne trouve plus de chapelles ni d'établissements charitables. On ne perd pas son temps en amusements : le théâtre ne gagne guère d'argent.

On avait voulu établir une course de chevaux, mais les maîtres s'y

sont opposés, parce que c'est une occasion de débauche pour les
ouvriers; cela les empêche de travailler pour toute la semaine. — On
est si occupé de ses affaires qu'on n'a pas le temps de s'occuper de ses
plaisirs. Ceux qui ont quelque argent font une absence plus ou moins
longue pendant l'été. Du reste, on emploie ses loisirs en les consacrant
aux intérêts de quelque institution d'utilité publique.

M. Bischoff me dit qu'on ne peut pas permettre au peuple de s'amu-
ser, parce que ses plaisirs finissent toujours par l'ivrognerie. —
M. Edward Baines me dit que les sentiments religieux sont tellement
conformes à la disposition mélancolique et taciturne des Anglais qu'il
faudra des siècles pour les changer. Néanmoins, tout le monde est d'accord que la grande majorité est maintenant en faveur de l'émancipation
catholique.

Conversations avec M. Francis Place[1].

Jeudi 12 mars. — J'allai déjeuner chez M. Place, qui m'avait invité
la veille. M. Place est un ancien tailleur, encore associé aujourd'hui
avec son fils; il n'était qu'un simple journalier, ne savait pas lire à
vingt et un ans et au commencement de la Révolution française il
devint l'un de ceux qui cherchèrent à en propager les principes en
Angleterre. Depuis, il n'a pas cessé de jouer un rôle politique et de
lutter pour l'affranchissement des classes inférieures. Il fut un de ceux
qui tirèrent Westminster des mains de l'aristocratie, déterminèrent les
électeurs à payer eux-mêmes les frais d'élection et à obtenir ainsi des
représentants qui fussent réellement des hommes de leur choix. Au
commencement de la Révolution, il fut un de ceux qui organisèrent
une société jacobine entre les ouvriers (c'est le mot dont il se servait
lui-même), société qui avait 30,000 membres, des cotisations men-
suelles, une correspondance bien réglée, etc. Cette société n'eut, à ce
qu'il semble, aucune action politique directe, mais elle fit beaucoup
pour améliorer les conditions des ouvriers, surtout en perfectionnant
leur instruction. Des écoles furent créées pour les enfants, des clubs
pour les adultes, ainsi que des bibliothèques fixes et ambulantes. Pour
émanciper la classe ouvrière, nous en avons fait des *Politicians*, des
gens qui se mêlent de politique; ses intérêts ne seront jamais bien sou-
tenus que par elle-même; il faut qu'elle connaisse sa position sociale.
« Si ce n'était cette maudite église constituée, me disait-il encore, nous
aurions partout d'excellentes écoles pour le peuple. Lancaster, et plus

---

1. Francis Place, né en 1771, devait vivre jusqu'en 1854. Il joua un grand
rôle dans le mouvement de la réforme électorale de 1832 et dans le rappel
des lois contre les coalitions d'ouvriers. Lié avec les Mill et tout le parti radi-
cal, il essaya de modérer le mouvement chartiste et plus tard combattit l'ex-
tension du socialisme. Il fut grand partisan du libre-échange. M. Graham Wal-
las a publié sur F. Place un volume de biographie qui contient de nombreux
documents émanant de ses *Papiers* (Londres, Longmans Green et C⁰, 1897). E. d'E.

encore ses adhérents, avaient conçu un excellent système d'instruction pour le peuple. Mais l'église constituée s'est partout attachée à le combattre. En opposition aux écoles de Lancaster, où les enfants apprenaient les premiers éléments des sciences, elle a élevé ses *National schools*, où les enfants n'apprennent rien qu'à lire la Bible. Et souvent, après avoir réussi à faire tomber les premières, elle supprimait les siennes propres. »

M. Place me dit *qu'en général* l'état des ouvriers en Angleterre était beaucoup amélioré; que l'ivrognerie et les mauvaises mœurs étaient beaucoup plus rares, l'instruction et l'intelligence beaucoup plus répandues. Il me parla de sociétés formées entre diverses sortes d'ouvriers : les tailleurs, les cordonniers, les imprimeurs, etc., pour le secours mutuel de leurs membres, pour donner tant par semaine à ceux qui sont malades ou même qui manquent d'ouvrage, afin que par leur concurrence ils ne fassent pas baisser le prix des salaires.

Mais lorsque je lui demandai des renseignements sur la classe des fileurs, après m'avoir dit que les hommes d'un certain âge et les bons ouvriers de cette sorte avaient fait beaucoup de progrès sous le rapport de l'instruction et de l'intelligence, il m'avoua que l'état de la plus grande partie de cette classe était vraiment déplorable. Comme on emploie les enfants dans les manufactures de coton dès un âge très tendre, comme ils vivent dans une atmosphère très chaude, qu'ils ne bougent jamais de leur place et que les deux sexes sont ensemble, il paraît que souvent, dès l'âge de douze ans, la débauche la plus effroyable, la plus effrontée dégrade cette population. La publicité avec laquelle ces désordres ont lieu est incroyable. M. Place m'a parlé d'un ouvrier qui avait été appelé à Londres pour fournir des renseignements devant un comité du Parlement. « Vous voyez comme je suis chétif, disait-il à M. Place, je serai faible toute ma vie : j'ai commencé avec les femmes dès l'âge de douze ans, et ainsi ont fait tous mes camarades. »

Il lui raconta ensuite que dans sa manufacture, qui était, je crois, à Stockport, on payait les ouvriers à l'auberge, sous prétexte d'échanger les banknotes fournies par les maîtres contre la monnaie, dont l'aubergiste était seul en possession. L'aubergiste exigeait, pour tout agio, que chaque ouvrier prît une pinte de bière. Après la première pinte venait une seconde, et ainsi de suite jusqu'à ce que la plupart des ouvriers devinssent ivres, et alors les plus épouvantables désordres avaient lieu. M. Place demanda à l'ouvrier pourquoi la paye n'avait pas lieu à la fabrique même. C'est, lui répondit Williams, que le change des banknotes contre la monnaie coûte 2 0/0, et le maître ne veut pas supporter la perte. Eh bien ! lui dit M. Place, ne vaut-il pas mieux supporter cette perte vous-mêmes, c'est toujours moins cher que de dépenser les salaires de toute la semaine chez le marchand de vin? Quand tu seras de retour chez toi, mets ton bel habit le samedi soir, monte sur la table, et, avec la permission de ton maître, fais toi-même la paye. — Williams le fit, et depuis ce temps une partie des désordres a cessé.

Les contremaîtres, loin de contribuer en rien à l'amélioration des ouvriers, se font gloire de vivre avec le plus grand nombre possible de jeunes filles, et quant aux maîtres, ces mêmes ouvriers leur sont un objet d'indifférence ou même d'aversion; et quelquefois leur moralité n'est pas supérieure à celle de leurs contremaîtres. M. Place m'a cité le fait d'un jeune homme de Londres qui était allé voir quelques-uns de ses amis fabricants dans le Lancashire. En visitant les ateliers, un de ses amis lui demanda avec laquelle des jeunes filles qui étaient là il avait envie de coucher. Le jeune homme crut d'abord qu'on plaisantait, mais, sur de nouvelles instances, il en désigna une. « Anna, lui dit le maître, tu iras coucher avec monsieur ce soir. — Je suis bien mal arrangée pour cela, dit-elle. — Eh bien! tu iras te laver et faire ta toilette. »

Je m'informai s'il y avait des opinions religieuses parmi ces gens-là. — Une espèce de superstition, me dit M. Place; ils sont méthodistes ou de quelque autre secte de leur invention. Ils ont un frère qui prêche, et son discours consiste à peu près à dire : *Si vous faites ceci ou cela vous serez damnés; si vous ne faites pas ceci ou cela vous serez damnés.* Car le mot de *damned* est en grande fureur chez les Anglais. Sur mon observation que beaucoup de ces gens-là en France étaient athées, il me répondit qu'il en était de même ici des plus éclairés. Il paraît que les caisses d'épargne font aussi peu de chose dans le Lancashire.

La détresse de ces classes dans les années de souffrance est extrême; il est certain que plusieurs milliers d'ouvriers meurent chaque année de besoin. Ils tombent malades par suite d'une nourriture insuffisante et malsaine et ne tardent pas à succomber.

L'extrême accroissement de cette classe de la population est la cause de sa misère; il y a à peu près trente ou quarante ans, le nombre des fileurs de coton était à peu près de 20,000, il est aujourd'hui de 1,200,000. On vida toutes les maisons de charité pour avoir des enfants à mettre aux métiers. Le système moderne d'industrie joint aux taxes des pauvres et aux mariages précoces dont nous avons parlé (car dès qu'une fille a un enfant on l'oblige à se marier) ont causé cet accroissement excessif; on calcule qu'un fileur reçoit aujourd'hui 50 sh. pour ce qui lui était payé 36 sh. autrefois.

Le premier jour que je vis M. Place, je m'entretins longtemps avec lui *du sujet de la dette nationale.* Je fus satisfait de le trouver de mon opinion que l'existence de la dette n'empirait que point ou peu l'état de l'Angleterre et de tout pays où elle existait, qu'elle était utile comme moyen de placement, et qu'avant de songer à la supprimer il fallait créer un moyen de placement équivalent par un bon système de banques. M. Place est fort au courant des matières d'économie politique. C'est un homme fort estimable, fort estimé même, plein d'expérience et d'instruction. « Jugez, me disait-il, des préjugés de ce pays-ci. J'ai véritablement beaucoup d'amis, des personnes fort considérables ont pour moi beaucoup d'estime et d'affection; cependant, vous ne me verrez jamais à leur table. S'ils m'invitent, c'est une charge pour eux. Si je voulais quitter cette maison-ci, prendre une belle maison de campagne et faire le grand seigneur, on oublierait aussitôt ce que j'ai été. Mais tant que je suis un *tradesman* je ne puis pas figurer parmi les gentlemen. On est venu me consulter pour la fondation du club d'économie politique; j'ai donné mon avis, mon plan; jamais mes meilleurs amis qui en font partie ne m'ont parlé d'y entrer. » Je vis un moment chez M. Place une espèce d'hustuberlu qui s'occupe d'introduire en Angleterre la philosophie de Kant. Jamais je n'ai vu un pareil original.

Mardi 19 juin 1828. — J'observai à M. Place que le prix du pain à Londres et à Paris ne me paraissait pas en proportion avec le prix du blé. Qu'à la fin de cet hiver le blé étant dans les deux pays à 22 francs l'hectolitre, le pain coûtait 16 sous à Paris et 10 p. en Angleterre; qu'au reste je n'étais pas sûr de ces données, et enfin que la différence pouvait provenir de la manière dont le prix du pain était réglé à Paris. M. Place, sans être à même de fixer la question proposée, m'assura qu'à Londres il n'existait pas de monopole sur les grains ni sur les farines; que cela existait autrefois lorsque le prix du pain était réglé par le lord-maire (*assise-taxe*), mais qu'il était un de ceux qui avaient contribué à faire abolir cette pratique, *ce qui était d'autant plus difficile que personne ne s'en plaignait.*

Il me dit que la différence dans le prix du pain pouvait provenir du surcroît de frais imposé aux boulangers à Londres : port du pain, crédit, etc. Il me dit que certains boulangers en grand, qui vendaient leurs pains sur les marchés de Londres, n'ayant ainsi ni port à payer ni crédit à supporter, le donnaient à 2 p. meilleur marché. Leur pain est aussi beau que possible; le peuple n'en mange que de tel (ce qui, dans le fait, paraît être une économie). Mais le paiement comptant, leurs traités avec les marchands de farine pour de grandes quantités, l'avantage de pouvoir tenir leurs fours toujours chauffés, ce qui diminue la consommation du combustible, ces diverses circonstances leur donnent la facilité de faire une aussi grande différence dans le prix du pain.

Tant que l'*assise-taxe* existait, elle donnait (je ne sais par quelles combinaisons) le monopole des farines à un petit nombre de personnes. Celles-ci établissaient dans les boutiques des boulangers des personnes possédant un petit capital, leur prêtaient ce qui leur était nécessaire en sus, s'en servaient pour écouler leur mauvaise marchandise, et, lorsque l'affaire commençait à aller mal, faisaient saisir leur commandité et le laissaient ruiné après l'avoir dépouillé.

Il existe aujourd'hui un système semblable pour les cabaretiers qui ne peuvent s'établir sans une licence. Des brasseurs tels que Barklay et Perkins ont jusqu'à trois ou quatre cents de ces licences qu'ils distribuent à leurs créatures, à la condition de vendre exclusivement leur bière.

Un monopole existe aussi pour les fiacres. Ils sont soumis à une taxe de 18 sh. par semaine. Le monopole est également fâcheux aux maîtres, aux cochers et au public. Cependant, on ne veut pas s'en départir.

M. Place me parle longuement de l'amélioration sensible dans toutes les classes du peuple à Londres, dans celles mêmes qui semblent les plus abjectes. Il me dit que les hideux quartiers de Petticoatlane, Drurylane, Saint-Giles, étaient cependant bien supérieurs à ce qu'ils étaient autrefois. Il me fit remarquer l'influence des étoffes de coton pour améliorer l'habillement et l'ameublement du peuple; quand on s'habillait de laine et de soie, les mêmes habillements devaient durer plusieurs années.

Nous en vinmes à parler des réformes de M. Peel faites à la loi du jury. Il y manque une chose, ce sont les pénalités. On avait eu l'intention d'écarter les *Pack-Jurors*, ou jurés à gage, employés trop souvent par les magistrats. Cependant, on n'observe pas les lois et on suit, dans beaucoup d'occasions, l'ancienne méthode de nommer les jurés. M. Place lui-même avait voulu réclamer ses droits à être juré.

Samedi 20 juin 1828. — L'opinion de M. Place est que l'introduction des machines n'a jamais privé d'ouvrage un seul ouvrier :

1° L'introduction de nouvelles machines n'a jamais lieu que lorsqu'il y a un accroissement dans la demande, qui exige un accroissement dans les moyens de production.

2° Les capitaux nécessaires pour la construction de nouvelles machines ne se créent que successivement et ne se présentent, au moins en général, que lorsqu'un accroissement de demande semble garantir le succès de l'entreprise.

3° Les perfectionnements dans les machines sont toujours successifs et presque jamais assez importants pour déplacer tout à coup une grande masse d'ouvriers.

4° Enfin, viennent les difficultés de vaincre d'anciennes habitudes et de substituer de nouveaux produits aux anciens.

5° Il paraît que pour former un bon ouvrier travaillant sur une machine il ne faut pas moins de temps que pour former tout autre ouvrier travaillant de ses mains, et que même les salaires des premiers sont beaucoup plus élevés.

M. Place m'assure qu'après avoir scrupuleusement examiné tous les faits venus à sa connaissance, il n'avait pas pu trouver un seul exemple de la détresse des ouvriers causée par l'introduction des machines, et que, dans tous les cas où on avait prétendu qu'il en était ainsi, la détresse de la classe ouvrière provenait de tout autres causes. Il m'a ensuite cité un grand nombre d'exemples à l'appui de son opinion.

Les cordiers de la Tamise recevaient des salaires énormes pendant la guerre à cause de la grande demande de câbles pour la marine militaire. Une machine fut alors inventée pour suffire à la demande, qui n'eut cependant pas d'effet sensible pour baisser le prix des câbles; à la même époque, on commença à employer les câbles en chaînes de fer. A la paix, la demande de câbles ayant diminué, les salaires baissèrent et les cordiers adressèrent à M. Place leurs plaintes contre les machines; leur principale plainte était que leurs salaires n'étaient plus aussi élevés que pendant la guerre, et, comme à cette époque ils étaient excessivement-élevés, on voit que cette plainte était assez mal fondée. M. Place fit plus : il leur demanda un état du nombre de personnes anciennement employés dans cette branche d'industrie, et il se procura aussi un état de celles employées actuellement soit dans les corderies à la main soit dans celles à la mécanique. Il trouva que le nombre de personnes employées dans les corderies à la main avait diminué de 900 à 750, diminution due en grande partie à la mortalité, mais que 650 personnes étaient maintenant employées dans les corderies à mécanique et *pour la fabrication des chaînes.*

L'immense augmentation du nombre de personnes employées dans la fabrication des étoffes de coton et des bas après l'application des machines à ces fabrications est une preuve bien frappante que l'introduction des machines n'a pas pour effet de priver d'emploi leur population.

Il y a des classes d'ouvriers qui ont été misérables de tout temps et dont l'introduction des machines ne peut empirer la condition. Il est très probable que l'invention de la machine à tulle n'a nullement diminué le nombre des ouvriers en tulle dans le Buckinghamshire, mais il serait à désirer que les machines supplantassent entièrement cette classe, car on ne peut rien voir de plus misérable. Elles vivent dans des demeures infectes, étroites, obscures, gagnant des salaires de 6 à 7 sh. par semaine.

Il en est de même des *silkweavers.* Ils réclament vivement aujourd'hui contre l'introduction des *power looms.* Cependant, jusqu'à il y a peu d'années, ils avaient réussi à empêcher l'introduction d'aucun perfectionnement. Ils avaient leurs machines à peu près telles qu'ils les avaient apportées de France lors de leur émigration. Cependant, ils avaient presque toujours été misérables. Vers 1777, ils se portèrent tumultueusement à la demeure de lord North pour le forcer à venir demander pour eux à la Chambre des communes, je crois, *un règlement de salaires* (la même demande a été renouvelée dernièrement par les *silkweavers* de Manchester). Ils se portèrent aussi au palais du roi, qui fut obligé de se présenter à eux; enfin, ils sortirent de Spitalfield au nombre de 2 à 3,000 et se mirent à détrousser les passants.

M. Place pense que la seule raison de la misère des *Weavers* est le grand nombre de leurs enfants. Il pense que la nature de leur travail, qui réunit les deux sexes dans des chambres très chaudes, d'où ils sortent peu, est très favorable à la débauche. Et, en outre, il y a encore parmi le peuple ce préjugé que, plus ils ont d'enfants, mieux vaut. Cela était vrai dans un temps où un enfant gagnait 7 sh. par semaine, mais cela est faux aujourd'hui.

Nous parlâmes de la nécessité de faire *table rase* pour arriver à faire une réforme en Angleterre. Jusque-là, les meilleures mesures rencontraient une foule d'abus locaux qui en détruisaient l'efficacité (le rappel de la loi du test sera contrarié par les règlements particuliers de diverses corporations). La proposition de faire intervenir les magistrats du comté dans la distribution des licences de cabaretier a été rejetée par la Chambre des communes comme contraire aux droits des corporations.

La police de Londres ne peut être améliorée à cause de la répugnance des magistrats de la cité à se départir de leurs droits.

Dès lors, il est impossible que la Révolution ne s'opère pas par une secousse plus ou moins violente, mais il n'est pas probable qu'elle soit jamais accompagnée des mêmes désordres que la Révolution française. Ici, le peuple a l'habitude de prendre part aux opérations politiques. Dans plusieurs circonstances, il exerce un droit d'élection, et nous avons cherché à le confirmer, au moyen de sociétés particulières, dans l'habitude de délibérer et d'agir collectivement. Tel a été, me dit M. Place, le grand but de notre *London correspondant Society*. Notre but n'était réellement pas d'opérer une révolution, nous savions qu'elle était impossible; qu'en tous cas elle eût été dangereuse à cette époque. Mais nous voulions donner aux basses classes l'habitude de se concerter. Nous avions notre pouvoir représentatif et puis notre pouvoir exécutif qui correspondait avec les comités des diverses villes du royaume.

Cette tentative n'a pas été perdue. Depuis ce temps, toute la classe ouvrière est restée organisée ou prête à l'être. Vous avez beaucoup entendu parler des Luddistes, qui brisaient les machines en 1812. Je me trouvais un jour avec divers membres du Parlement, entre autres M. Rose, qui se répandaient en reproches contre les excès de ces hommes. Je leur fis observer qu'au milieu de ces prétendus désordres pas un seul homme n'avait été immolé. « Ces hommes, leur dis-je, que vous croyez mus par une rage aveugle, obéissent aux ordres de leur comité; ils font autant, et pas plus, que le comité leur ordonne. Éclairez le comité, démontrez-lui qu'ils ne gagneront rien à briser les machines, et ces violences cesseront. » En effet, j'écrivis au chef des Luddistes (un nommé Henson) et lui, en conséquence, écrivit à M. Rose qu'il lui offrait de venir le trouver à Londres s'il lui promettait de ne pas le faire arrêter. M. Rose donna la promesse, eut une conférence avec Henson et le désordre cessa. Depuis, les comités ont déclaré que jamais les machines ne seraient brisées. En 1826, il y a eu quelques *power looms* de brisés. Mais le désordre a été causé par les agents provocateurs du gouvernement. J'en avais eu avis quelques jours avant. J'en fis part à M. Peel et à quelques membres du Parlement. Cependant on n'eut pas le temps de prévenir le coup. Quelques *power looms* furent brisés. On fit venir la troupe, mais personne ne résista.

M. Place m'a parlé de plusieurs articles publiés par lui-même dans le *Journal de Manchester* dans le but de convaincre les ouvriers que les machines ne leur causaient aucun dommage.

Dans une subséquente conversation, M. Place en est venu à la conclusion que la situation de la classe manufacturière est empirée non pas tant par le grand nombre d'enfants dont elle est surchargée que par la concurrence qu'elle éprouve de la part des femmes et des enfants, concurrence qu'elle éprouve non seulement de la part de ses propres enfants, mais encore de la part des enfants de toutes les autres classes. Autrefois, les enfants déposés dans les *workhouses* périssaient presque tous. Aujourd'hui, il n'en périt pas un sur *huit*. Le nombre d'enfants exposés a aussi énormément diminué. Dans la paroisse de Saint-Clément, Westminster, où anciennement un grand nombre d'enfants étaient exposés tous les ans, il n'y en a eu qu'un seul depuis dix ans.

London Debating society. Free masons Tavern.

J'ai été conduit là par M. Tooke et John Mill. Le sujet en discussion était : *les lois contre les actes de cruauté exercés sur les animaux.*

Celui qui avait introduit la question commença par examiner cette définition du but d'un gouvernement : *le plus grand bonheur du plus grand nombre*, et, après l'avoir combattu, il se prononça pour celle-ci : *le maintien de la société*. Dès lors, le gouvernement doit intervenir pour empêcher les actes de cruauté sur les animaux, si ces actes peuvent causer quelque tort à la société; mais s'ils ne font qu'entretenir une disposition qui peut conduire à des actes coupables, cette disposition ne peut pas être sous le contrôle du gouvernement, et d'ailleurs cette disposition ne peut pas être corrigée par un système répressif, attendu que l'orateur admet comme une chose donnée que tout système pénal a pour effet d'encourager le crime plutôt que d'y mettre un frein.

L'orateur suivant trouva moyen, à ce propos, de parler de l'Église et de faire l'éloge de lord Eldon et de Castlereagh, ce qui égaya beaucoup l'assemblée.

Un troisième s'éleva contre la loi par la raison : 1° que la peine infligée à l'individu dépassait la proportion du tort causé à la société; 2° parce que cette peine était inefficace; 3° parce qu'elle pouvait être suppléée par d'autres moyens, c'est-à-dire par la bonne éducation.

Un quatrième représenta que *pour le moment* (il était inutile de parler de ce qui pouvait être un jour) l'éducation du peuple était insuffisante pour le porter à agir avec douceur envers les animaux; qu'une loi pouvait être utile et que la loi présente l'avait été en effet, que l'habitude ridicule des Irlandais d'attacher leurs chevaux par la queue subsisterait encore si elle n'avait été supprimée par une loi; que les individus dans Londres qui s'emparaient des chats pour avoir leur peau méritaient d'être punis, non point pour leur commerce, mais parce qu'ils laissaient les corps dans la rue et offraient ainsi un coup d'œil dégoûtant au public.

Un cinquième demanda qu'on définît le mot de cruauté ; fallait-il ranger dans la catégorie des actes cruels les divertissements des grands seigneurs à la chasse ? Les combats d'animaux fréquentés par le peuple diffèrent-ils essentiellement de ces divertissements-là ?

Un sixième se plaignait que jusque-là on eût oublié de parler des *droits des animaux*; que les métaphysiciens avaient reconnu dans la nature des animaux des facultés très rapprochées des nôtres ; que si l'on prétendait que l'infériorité de ces facultés les privait de tous droits, on pourrait étendre le même raisonnement à une partie de la race humaine.

M. Mill parla le dernier ; il admit la convenance de la loi en principe, mais il en regarda l'application comme impraticable, puisqu'il était impossible de déterminer bien souvent jusqu'à quel point un mauvais traitement était plus ou moins nécessaire. Mais M. Mill ne se borna pas à poser son opinion sous cette forme parfaitement raisonnable. Il reprit les uns après les autres tous les points touchés dans la soirée, même ceux qui n'avaient qu'une relation éloignée avec le sujet, et sur chacun il émit une opinion pleine de bon sens et de mesure et dégagée de toute considération absolue. C'est ainsi qu'il passa en revue ce qu'on avait dit des droits des animaux, des droits de l'homme sur eux, de l'effet des peines, des changements dans la morale et la législation, etc. Jamais je n'ai entendu un discours dans lequel j'aurais moins voulu changer quoi que ce soit. J'ai de nouveau assisté à cette société le vendredi 13 juin. La question débattue était : *le gouvernement de l'Inde doit-il être laissé à la Compagnie ?*

Telle m'a paru du moins être la position de la question, car elle n'a été nettement posée par personne.

J'ai trouvé généralement le même défaut que la première fois, c'est-à-dire le penchant à se jeter dans les généralités et une grande négligence des faits provenant sans doute de leur ignorance. J'ai trouvé la même hostilité contre le gouvernement et aussi la même disposition à mettre le *mot pour rire* et à donner un tour plaisant à la discussion, ce dont j'avoue, j'ai été surpris et charmé. On ne manquait jamais l'occasion de faire quelque manifestation de principes bien libérale et de lancer un coup de patte à ses adversaires...

Classes manufacturières. — Maîtres.

On me dit que, dans tout le Lancashire, on ne trouve pas une famille connue depuis deux générations. Les enfants sont élevés dans des habitudes de luxe et d'oisiveté et, lorsque des revers de fortune arrivent, ils sont incapables de relever leurs affaires.

M. Robert Thompson me dit que le malheur de l'Angleterre est de dépendre beaucoup trop du commerce étranger. Cependant, quelles que soient les souffrances accidentelles de la population, elle est certainement plus heureuse qu'elle n'était avant l'établissement des manufactures de coton. D'ailleurs, ce sont des malheurs dont il ne faut pas trop s'effrayer; l'instabilité est le fait des choses humaines : « Nothing sticks in the world. » Il n'y a rien de stationnaire. Tout est progressif ou rétrograde.

D'après le *Courrier* du 20 septembre (extrait du courrier de Manchester), l'exportation des calicots pour les États-Unis avait été :

Juillet et août 1827.	1828.	Diminution.
Calicots unis, 2,528,000 yards,	1,236,000 yards,	2,292,000 yards,
Calicots imp., 5,300,000 —	2,712,000 —	2,589,000 —

Aux mêmes époques, les exportations pour le Brésil avaient été :

Juillet et août 1827.	1828.	Augmentation.
Calicots unis, 2,568,000 yards,	4,922,000 yards,	1,351,000 yards,
Calicots imp., 2,008,000 —	4,426,000 —	2,418,000 —

Je me suis entretenu assez longtemps avec M. Michell, chef d'une filature, sur les causes des crises manufacturières. Il me parait sincèrement d'accord avec moi sur le fait d'une multiplication des établissements manufacturiers au delà de ce que nécessite la demande, soit en conséquence des perfectionnements mécaniques, soit en conséquence du désir de faire un placement de capital.

Il dit que les perfectionnements mécaniques, non point de principes, mais de détail, continuent. mais qu'ils peuvent être adoptés au fur et à mesure par les anciens établissements et que les frais du changement sont couverts... Il pense que les anciens fabricants ont toujours eu de la répugnance à changer leur manière de travailler et qu'aujourd'hui même beaucoup de ceux qui ont connu le bon temps ne peuvent s'astreindre à cette économie, sans laquelle il n'y a plus de bénéfice aujourd'hui. Il pose en fait que beaucoup de manufactures ont été fondées uniquement comme placement de capital par des personnes qui ne connaissaient nullement la partie, et aujourd'hui même on voit de nouveaux exemples de ce fait; *lorsque l'intérêt de l'argent est bas, disait-il, c'est un malheur pour nous, parce que les capitalistes, pour faire plus de profit de leur argent, l'emploient à élever de nouveaux établissements.*

Pendant les années 1826 et 1827, la plupart des cotonniers à Glascow ne travaillaient que la moitié du jour ou moins. En 1828, ils sont tous en pleine activité.

M. Simson de Bolton me dit que, dans le rayon de 10 milles de Manchester, les gens sont quelquefois de cinquante ans en arrière de ceux de cette ville. Que doit-ce être pour les étrangers? Rien ne peut suppléer une pareille agglomération d'industrie et la *tradition* parmi les ouvriers. Otez un *manager* (les meilleurs sont souvent les plus routiniers) de son entourage, et il ne pourra plus rien faire; il faut des gens qui aient grandi au milieu des machines. Les Anglais ont assimilé leurs ouvriers à leurs machines.

Lorsque l'intérêt baisse, les capitalistes retirent leurs fonds et les

embarquent dans des entreprises qu'ils ne connaissent nullement, particulièrement dans les Cotton-Mills. Dans ce moment-ci, on bâtit de
nouvelles maisons, quoique beaucoup ne soient pas occupées. Chacun
se flatte de mieux faire que son voisin.

M. John Kennedy a vu la fondation de Manchester ; la majorité de
ceux qui ont fondé des établissements se sont ruinés : néanmoins, le
pays n'a pas cessé de gagner. Constamment la baisse de l'intérêt a conduit à l'établissement de manufactures comme placement de fonds et
par suite à une concurrence destructive. En 1814, il n'y avait *pas plus
de sept manufactures appartenant à leurs propriétaires primitifs.*

Un grand nombre d'Écossais se sont élevés de rien à Manchester.
Témoins MM. John Kennedy, M'Connel ; à Glascow, M. Done.

M. Dalton me dit que, dans les villes de commerce, de fait, les
enfants partagent toujours également le bien de leur père.

Ouvriers. — Heures de travail. — Coalitions.

Le travail dure toujours douze heures, de huit heures du matin à
huit heures du soir, donnant trois quarts d'heure pour déjeuner et
autant pour dîner. Dans certains cas, il y a des heures en sus.

Il y a peu d'années, le nombre des heures de travail était plus con-
sidérable ; en 1821, les fileurs députèrent quelques-uns des leurs au
parlement et, par le rappel des lois contre les coalitions, parvinrent à
faire réduire le temps du travail de quatorze et seize heures à douze[1].

Depuis ce temps, ils ont si bien maintenu leur ligue que le temps
n'a pas été allongé et que les gages n'ont pas été réduits *nominalement.*
Les fileurs ont préféré, avec grande raison, ne travailler que demi-jour-
née plutôt que de laisser réduire leurs salaires. « Sans doute, disait
M. Dougal, les salaires devraient baisser avec la demande ; mais alors
les maîtres devraient consentir à les élever lorsque la demande se
ranime. Comme ils ne le font pas, nous sommes obligés de maintenir
le taux invariable aussi longtemps que nous le pouvons. Les maîtres
eux-mêmes sont extrêmement satisfaits de cet accord entre les ouvriers,
parce qu'il a mis fin à toutes les querelles, et pourvu que les maîtres
sachent qu'ils ne paient pas plus l'un que l'autre, le taux même du
salaire leur importe moins[2]. »

---

1. A cette époque, le parlement passa un bill pour la prohibition des
enfants dans les manufactures. Les fileurs demandèrent que le nombre des
heures de travail fût réglé pour les hommes également. On leur répondit :
« C'est un devoir de protéger les enfants ; mais vous êtes des hommes, c'est à
vous de vous défendre. » C'est depuis cette époque que les heures de travail
ont été diminuées le samedi. Le travail cesse à quatre heures moins le quart.
Le bill défend de faire travailler les enfants plus de neuf heures ce jour-là ;
mais, quand les enfants sont partis, on ne peut rien faire des hommes. C'est
une excellente mesure. Le plaisir d'être libres le samedi soir donne aux enfants
du courage deux jours à l'avance. Jamais ils ne sont levés de si bonne heure
que le samedi matin. On a le temps de tout préparer pour le dimanche.

2. Mes interlocuteurs m'observent que cet arrangement n'est pas équitable ;

Salaires.

Pour filer des numéros fins, le coton paraît subir quatre opérations principales : 1° cardage; 2° spindel fly frame; 3° stretching frame; 4° ... (omis).

Le fileur est payé à la tâche; l'ouvrage qu'il peut faire dépend évidemment de la grandeur et de la qualité de la machine; néanmoins, d'après un arrangement nouveau, le prix payé à tous les fileurs est le même. Déduisant ce qu'il est obligé de payer à ses rattacheurs, il peut gagner par semaine, suivant la machine, de 30 à 35 sh. Mais beaucoup des métiers portant de 300 à 400 broches, on peut prendre un terme moyen de 21 à 23 sh. pour le fileur (par semaine). *Ce salaire est moindre de 15 %, que celui qui a été payé pendant plusieurs années, jusqu'en 1826.* A cette époque, les maîtres réussirent à l'abaisser. Un contre-maître a 1 liv. par semaine[1].

Pour les *stretching frames*, on emploie généralement des femmes; elles peuvent faire l'ouvrage; il demande moins de soin, les *frames* sont plus légères. Les femmes sont d'ailleurs meilleur marché. Pour

il prive les nouveaux établissements de l'avantage dû à la supériorité de leur machinerie. Mais les propriétaires d'anciennes machines étant les plus nombreux ont fait la loi; ainsi, tout le bénéfice du perfectionnement revient à l'ouvrier. Ils me disent qu'en Angleterre les prix sont réglés de manière à ce que le profit soit divisé proportionnellement entre l'ouvrier et le maître. — Autrefois, à Glascow, l'ouvrier n'entrait pour rien dans le bénéfice, ses gages diminuant en raison de la grandeur du métier; maintenant, on est tombé dans l'excès contraire. Ils pensent même qu'un grand métier à gages égaux a du désavantage sur un petit parce qu'il est plus lourd et par conséquent moins maniable; la différence est surtout sensible pour les numéros fins. — Smith et Mac Dougald me disent qu'en général on n'a pas à se plaindre des maîtres, qu'en général leurs affaires ayant été bonnes, ils n'ont pas été portés à batailler avec les ouvriers et que, lorsque des dissensions ont eu lieu, elles ont presque toujours été causées par la mauvaise volonté de deux ou trois individus. Il y a en Écosse beaucoup moins de coalitions qu'en Angleterre, soit parmi les maîtres, soit parmi les ouvriers (M. Thompson voulait réduire les heures de travail à dix). — Je disais à ces Messieurs que je considérais les coalitions *bien conduites* comme fort utiles, surtout en secourant les non employés, afin de les empêcher de faire baisser le taux des salaires en vendant leur travail à l'enchère. Mais ce même système, poussé trop loin, peut devenir funeste aux ouvriers en empêchant les maîtres de vendre. Ils sentaient parfaitement la difficulté de leur position et se plaignaient beaucoup de cette sorte de gens qui d'un côté comme de l'autre ne sont jamais satisfaits.

1. Malgré la diminution nominale des salaires, un bon fileur gagne aujourd'hui autant qu'il l'a jamais fait. La réduction a été compensée par une augmentation de la vitesse des machines et par d'autres perfectionnements. Il y a vingt ans, un fileur recevait 1 sh. par livre de fil, ce qui lui vaut aujourd'hui 3 d. 1; néanmoins, il gagne tout autant . . . . A l'époque même où la réduction eut lieu, il y a deux ans, les maîtres avaient promis de la compenser par une augmentation de vitesse, etc.

les *spindel fly frames*, on emploie des femmes et des femmes-filles;
leurs salaires sont de 6 à 8 sh. par semaine. Les *rattacheurs* sont aussi
de différentes sortes. Un *sweeper* ou petit balayeur gagne 2 sh. 1/2. Le
small piecer 4 sh.; l'autre *piecer* 7 sh.; en général, le *small piecer* et le
fileur veillent sur une moitié du métier, l'autre *piecer* sur le reste.

Tisseurs.

Leurs gages sont très bas. Pour les *pover looms*, on emploie généralement des femmes. Une femme surveille deux métiers à la fois et gagne
8 à 10 sh. Sur un métier à bras, un tisserand ne gagne pas plus de 6 à
8 sh. Un tisseur en soie gagne de 15 à 18 sh. par semaine.

Manière de vivre.

En général, un fileur de première classe a une cuisine et une
chambre. Cela lui coûte 5 l. st. et peut-être 1 l. st. de taxes. On me
cite un appartement de trois chambres qui coûte 8 l. st. et 2 l. st. de
taxes. Une chambre coûte 2 sh. par semaine. Il a à déjeuner du *porridge*
(bouillie de farine d'avoine) ou du thé ou du café; à dîner, de la soupe
et de la viande; à souper, du thé.

Le prix du pain est maintenant de 9 pence le *quater loaf* ou 4 livres
4 onces; il est ordinairement de 10 pence.

Le prix d'une bouteille de bière est 4 pence, aussi boivent-ils généralement de l'eau.

Un homme peut se nourrir bien en payant 5 à 6 sh. par semaine.
Avec 8 à 10 sh., il peut pourvoir honorablement à son blanchissage,
nourriture, logement, etc.

On a un bon habillement complet pour 4 l. st. 1/2.

Le prix de la viande en septembre 1828 était de 3 à 7 pence pour le
bœuf et le mouton.

Le prix du whisky commun est 6 sh. un gallon, à ce que l'on me
dit, ou 1 sh. la bouteille.

Condition des fileurs.

En général, les fileurs de toutes les classes sont misérables.

Il y a plusieurs raisons de ce fait, les unes particulières à l'Angleterre. C'est l'immigration des Irlandais; d'après une évaluation modérée il y en a de 30 à 40,000 à Glascow. Ils déplacent les anciens ouvriers
qui s'embarquent pour l'Amérique. On aura une idée de la facilité
avec laquelle les Irlandais peuvent venir en Écosse, si l'on sait que, le
24 septembre 1827, le prix du *steerage fare* par le paquebot était de 6 d.

Au moins la moitié des fileurs sont irlandais, et presque toutes les
fileuses le sont.

Dans ce moment-ci, où tous les *mills* sont en pleine activité, il y a
au moins deux cents fileurs sans emplois. Si un homme est renvoyé

d'un *mill*, il reste souvent plusieurs mois sans trouver d'emploi; il fait des dettes et est hors d'état de se relever pendant longtemps.

Les autres causes de misère tiennent à la nature même de l'occupation.

1° Les interruptions de travail sont fréquentes; la dernière s'est prolongée à un degré plus ou moins grand, de 1825 à 1828.

2° Le nombre d'enfants employés dans ce métier est beaucoup plus grand que dans tout autre, et ils commencent à faire concurrence aux ouvriers beaucoup plus tôt; à seize ans, un rattacheur s'attend à passer fileur, *to expect a pair of wheels*; il y a deux rattacheurs pour chaque fileur. A quarante ou quarante-cinq ans, on ne veut plus d'un fileur, il faut qu'il se cherche un autre emploi; les jeunes gens pourraient bien continuer le métier de rattacheur, mais ils ont besoin d'un plus fort salaire que les enfants; aussi on préfère les enfants.

3° En général, la femme du fileur reste à la maison, il faut donc qu'il gagne pour lui et pour elle. Il est vrai que trop souvent ils envoient leurs jeunes enfants travailler dans les *mills*.

4° Le fileur, enfermé toute la journée dans une atmosphère chaude et dans la poussière de coton, est trop enclin à faire usage de liqueurs fortes. Il entre le soir au cabaret et y reste plus longtemps peut-être qu'il n'avait voulu. C'est la source de beaucoup de désordres : d'ailleurs, après quatorze heures de séjour à la fabrique, il cherche la compagnie et ne rentre pas à la maison.

Les parents négligent leurs enfants, et, d'ailleurs, beaucoup de ces enfants ignorent leurs parents et sont entièrement abandonnés. Je ne connais rien de plus funeste, me disait M. Mac Dougald, que la transition subite qui se fait dans la condition d'un petit rattacheur, devenant fileur à seize ou dix-sept ans. Un salaire de 1 guinée par semaine est si énorme pour lui que l'envie de le dépenser le conduit à mille extravagances.

La débauche parmi les fileurs, surtout ceux d'un rang inférieur, est extrême, parmi les Irlandais particulièrement; ils couchent douze ou quinze dans une même chambre, hommes, femmes, enfants, tout cela pêle-mêle. La conversation des femmes est ce qu'on peut s'imaginer.

Les habitudes d'économie leur sont étrangères. Il n'y a peut-être pas le quart des *fileurs* (même de 1re classe) qui mettent aux caisses d'épargne, et presqu'aucun parmi les autres classes.

Tisseurs.

Leur condition est peut-être encore pire que celle des fileurs. Ceux-ci modèrent un peu la concurrence en ne laissant travailler que ceux qui ont été élevés dans le métier. Il y a d'ailleurs un si grand nombre de ces derniers que l'on n'a pas besoin d'autres.

Quant aux *cotton weavers*, la surabondance de bras est extrême. Il y a quelques années, le métier était si avantageux que chacun s'y jeta et

y mit ses enfants; de là une surabondance d'ouvriers; les tisseurs
irlandais, qui sont en grand nombre, l'augmentent beaucoup.

Enfin, l'établissement des *power looms* leur a incontestablement fait
du tort. Il faut encore un individu pour deux métiers; mais ce travail
est fait entièrement par des femmes-filles et des femmes, et les anciens
tisseurs n'ont jamais été employés. Les *power looms* pour la soie ne
sont introduits que lentement, parce que le prix du tissage sur l'article
est peu de chose. (Peut-être aussi n'aurait-on pas l'avantage d'employer
une sorte inférieure d'ouvriers, comme pour le coton.)

Le soir, en revenant du village de Langside, près Glascow, à dix
heures, nous entendions encore les tisseurs travailler; leurs demeures
ont un aspect misérable.

Instruction.

L'instruction des enfants, qui sont quatorze heures du jour dans un
mill, ne peut être très soignée. Quelques-uns cependant vont à une
école en sortant du *mill*, et presque tous vont aux nombreuses *free
schools*, établies pour le dimanche.

Quant aux hommes, moyennant une souscription de 10 sh. par an,
ils peuvent aller entendre des cours de mécanique et de sciences natu-
relles à l'*Andersonian Institution*, fondée en 1795 par le professeur
Anderson, ou bien à la *Mecanics Institution*, fondée en 1823 par les
ouvriers, en opposition avec la première. Ils se plaignaient que le
Dr Ure, professeur de chimie et de mécanique, n'était pas toujours
compréhensible et refusait des explications quand on les demandait.
La nouvelle *Mecanics Institution* a eu jusqu'à six cents souscripteurs;
la gêne des dernières années arrête les souscriptions, mais non pas
l'envie de s'instruire. Cependant, la nouvelle *Institution* a de la peine à
lutter contre l'ancienne. C'est de celle-ci qu'est sorti le docteur Birbeck,
et c'est à Glascow qu'appartient l'honneur d'avoir eu la première institution de ce genre; il y a des bibliothèques attachées à chaque institution et on s'efforce d'en créer de semblables dans toute l'Écosse. Je vois
aujourd'hui, dans le *Glascow free press*, un article où l'on se plaint du
peu d'empressement des habitants du Devonshire à les accueillir et des
magistrats à les favoriser. On fait l'éloge de l'éducation donnée aux
enfants dans l'établissement de New-Lanark et aussi du traitement
qu'y reçoivent les ouvriers; mais leurs salaires en argent sont trop
minimes, ils ne peuvent pas épargner ou acquérir une indépendance[1].

Sentiments religieux.

Parmi la population irlandaise, il paraît que ces sentiments sont
absolument éteints. Ils paraissent subsister dans les familles écossaises.

1. Ce n'est pas une chose rare à Glascow de voir de pauvres jeunes gens
travailler comme fileurs pendant l'été, et l'hiver, avec leurs épargnes, s'employer à suivre les cours de l'Université. On m'en cite plusieurs qui vont le

Au moins, me disait M. Smith, c'est une *affaire de régularité* d'aller à l'église le dimanche, et l'on serait mal vu si on n'y allait pas. Chez nous, lui dis-je, les gens de la campagne y vont aussi, mais c'est plutôt pour leurs affaires que pour toute autre raison. Il en est à peu près de même chez nous, ajouta-t-il!

Je demandai à M. Mac Dougald s'il croyait qu'un sermon eût jamais servi à rien. Non, me dit-il, mais les visites des pasteurs sont souvent fort utiles. C'est la coutume, surtout parmi les pasteurs dissidents, et souvent cela a le meilleur effet.

On paraît aussi s'occuper beaucoup de *maçonnerie* à Glascow; les loges sont nombreuses. Enterrement maçonnique qui oblige M. Thompson à suspendre pendant deux heures le travail de sa manufacture.

Politique.

On s'occupe peu de politique, excepté de l'émancipation catholique. L'opinion de tous les *operatives* éclairés et même de la grande majorité est en faveur de l'émancipation.

J'exprimai mon opinion sur l'importance de ce qui se passait actuellement en Irlande; j'étais fâché de voir M. O'Connel s'associer avec Hunt. « Cela nous a bien choqués aussi, » dit M. Mac Dougald.

Néanmoins, il m'assure que Cobbett ne manque pas d'admirateurs à Glascow. Plusieurs ouvriers de Glascow sont aujourd'hui des richards. Il y a M. Done, ancien *blacksmith*, aujourd'hui *worth* (valant) 300,000 l. st. Il y a M. Houldsworth (?) et M. Girdwood. On dit que le fils d'Arkwright, toujours un manufacturier, a 300,000 l. st. de rentes.

Sheffield.

Nous avons visité la manufacture de coutellerie de Rodgers and C°, la manufacture d'acier de Nailor et Sanderson, la fabrique de limes de Turnton, la fabrique de scies, limes, tôles et cuivres pour fourneaux d'Ibbotson frères, une forge et un étirage pour l'acier, une fabrique d'argenterie, etc.

Dans ces diverses manufactures, la force humaine est encore le premier moteur; elles sont de fort peu d'étendue, et beaucoup d'opérations sont faites à la main qui sembleraient pouvoir être facilement exécutées par une machine (par exemple un emporte-pièce pour les tôles et cuivres; à chaque coup, il faut recomposer l'emporte-pièce; l'étirage de l'acier se fait par un simple martelage).

M. Ibbotson nous dit qu'il s'était occupé depuis longtemps d'appli-

faire cet hiver; ils étudient surtout la médecine; il y a maintenant deux ou trois chirurgiens à Glascow qui se sont formés de cette manière. — L'Université de Glascow n'est pas considérée comme *fashionable*. Les jeunes gens de famille vont à Édimbourg. Le prix des cours est de 2 guinées par semestre. Les étudiants en médecine en suivent au moins trois; c'est donc 6 guinées que ces pauvres étudiants ont à épargner.

quer les machines à plusieurs des opérations exécutées à Sheffield,
qu'il avait même une machine toute prête qui pourrait faire en un
jour le travail de douze hommes en un mois; qu'une pareille machine
était capable de dépeupler la ville; qu'il avait longtemps hésité à l'établir; qu'il avait été tenté de l'employer en Amérique, mais qu'il voulait, si sa machine offrait quelque avantage, en faire jouir son pays; il
nous montra une machine à vapeur et un bâtiment préparé pour cet objet.

Il observa que les obstacles à l'introduction des machines à Sheffield
étaient de deux sortes : 1° la matière première mise en œuvre, l'acier
étant d'une constitution si inégale qu'une machine dont l'action était
invariable pouvait difficilement lui être appliquée. Il avait vu cependant
des limes fabriquées mécaniquement (de fabrique française) qui ne
laissaient rien à désirer.

2° *Le peu d'étendue du marché.* — On ne peut établir des machines
qu'en subdivisant beaucoup le travail; on ne peut donc les employer
suffisamment que lorsque la production est suffisamment étendue. Or,
il serait difficile, pour un manufacturier de Sheffield, d'avoir un débit
assez grand pour alimenter un grand établissement mécanique.

Quand on parle de l'*introduction des machines*, on se sert d'un terme
impropre. Depuis l'origine même de l'industrie, il y a eu des *machines*
et on a sans cesse cherché à étendre leur action. A Sheffield même,
par exemple, il est extrêmement probable que les outils ou machines
dont on se sert aujourd'hui sont de beaucoup supérieurs à ce dont on
se servait il y a vingt ans et qu'on a par là économisé beaucoup de
main-d'œuvre. Dans la fabrique de plaqué, par exemple, on nous a
montré une espèce de tour qu'ils appellent *the engine*, au moyen duquel
ils exécutent beaucoup d'opérations faites à la main. Ces améliorations
se font peu à peu, à mesure que le capital des manufacturiers leur permet de les opérer et que le mouvement et l'accroissement des affaires
leur donnent l'espoir de couvrir leur mise dehors. Jamais une machine
n'arrive du premier coup à la perfection; la machine à poulies, l'ensemble le plus parfait qui ait jamais été inventé, avait cependant eu
des antécédents. La machine est propre exclusivement à certaines
sortes de produits avant qu'on puisse l'adopter au plus grand nombre;
ainsi, le *power loom* appliqué aujourd'hui aux calicots simples n'est
encore applicable ni aux *fancy fabrics* ni à la laine (excepté les *wors-
ted*) ni à la soie; on commence à peine à l'appliquer au fil. Cependant,
il paraît qu'une patente pour le *power loom* avait été prise dès 1740.
On fait toujours allusion à l'introduction des machines pour la filature
du coton. Mais il ne faut pas oublier qu'à cette époque, outre le progrès
de la richesse intérieure de l'Angleterre, un énorme marché, et, en
même temps, une énorme source de production pour la matière première, l'Amérique du Nord, venait de s'ouvrir; il fallait vider les
workhouses pour trouver des ouvriers; en 1803, M. Radcliff dit qu'il
fut conduit à perfectionner le tissage et à inventer sa *dressing-machin*
pour être à même de tisser tout le fil filé en Angleterre.

Il y a sans doute des occasions où l'introduction d'une nouvelle machine a pu priver quelques ouvriers d'emploi et pour quelque temps, mais jamais cet effet n'a pu être permanent. Sans aucun doute aussi, une fois le goût et la connaissance des machines étant introduits dans la société, quelques personnes seront tentées d'anticiper l'accroissement de demande qui seul justifie leur multiplication. Ces personnes nuisent aux autres et à elles-mêmes; il est presque sans exemple qu'une manufacture établie pour placement de fonds ait réussi. L'encombrement qui résulte de cet excès de production l'arrête bientôt, et la population retrouve bientôt son emploi.

Manufacture d'acier forgé et fondu de Nailor et Sanderson. Fourneaux dont le fond est ouvert sur une cave à environ 15 pieds du sol. Le combustible porte sur une simple grille, surmontée par la cheminée (deux fourneaux dans chaque cheminée); le courant d'air est si violent qu'il faut quelquefois fermer les soupiraux de la cave.

Les gens de Sheffield sont fort mal en fonds. M. Michaelson me disait qu'il leur vendait souvent du fer pour plus qu'ils ne possédaient, mais ce sont des gens solides qui ne spéculent pas. M. Kennedy m'avait déjà assuré la même chose à propos d'un fait semblable pour les *engine makers*, comme si on ne pouvait gagner de l'argent à faire des *tools*.

Salaires des ouvriers.

Couteliers, de 14 à 28 sh. par semaine; ouvriers en limes, de 8 à 9 sh. par semaine. Dans les ateliers de M. Ibbotson, les ouvriers gagnent environ 27 sh. en moyenne, quelques-uns gagnent de 2 à 3 guinées. M. Ibbotson se débarrasse peu à peu des ivrognes, de sorte que ses ouvriers sont des gens fort réguliers; mais M. Turton me dit que ses bons ouvriers en limes ne travaillent que trois jours par semaine; ils boivent le reste du temps.

Il y a de l'instruction parmi les ouvriers. M. Ibbotson en a un des siens mathématicien de première force; il a aussi cinq ou six ministres parmi eux et de *grands orateurs*. Nous voyons affichés dans les rues les remerciements des *Britannia metal workmen* adressés au public pour le secours qu'ils en ont reçu pendant leur dernier *strike* (grève) contre leur maître, qui a fini par l'augmentation de leurs salaires.

M. John Kennedy.

Il est écossais et a fait lui-même sa fortune dans la fabrication du coton à Manchester. Il est aujourd'hui retiré dans une maison charmante à Ardwich Green.

Il pense que fréquemment des filatures de coton sont établies uniquement comme placements de fonds et sans aucun égard à l'état de la demande. Les hommes vont comme des moutons; ils suivent le torrent sans s'inquiéter où ils vont. Un homme établit une manufacture, uniquement parce qu'il ne peut pas faire 5 °/₀ de son argent; quelquefois, il est séduit par l'avantage de commencer avec des machines perfectionnées. Quelquefois, il veut préparer un établissement à son fils; quelquefois, la vanité l'entraîne et il veut avoir un établissement plus magnifique que ceux de ses voisins. L'abondance du capital est presque toujours le précurseur d'un temps de misère, parce que le taux bas de l'intérêt amène ces placements de fonds forcés, et, par suite, un encombrement du marché.

Cette circonstance rend la condition du fabricant extrêmement périlleuse.

M. Kennedy suppose que la très grande majorité de ceux qui ont embarqué leurs fonds dans cette industrie s'y sont ruinés. Il dit qu'il y a seize ans, en 1812, à la fin de la guerre, *il n'y avait pas plus de sept cotton mills* appartenant aux propriétaires primitifs. Il n'a jamais vu une entreprise commencée avec de grands capitaux qui ait réussi; les souls hommes qui ont pu faire leur fortune sont des hommes qui ont commencé avec rien, entièrement voués aux affaires et habitués à une grande économie; ce sont les seuls qui puissent surmonter les moments difficiles; les principaux manufacturiers de Manchester sont des hommes de cette sorte.

C'est une faute très commune chez les manufacturiers de faire des changements trop considérables; il faut opérer les changements nécessaires sans renouveler le corps de la machine. Le fabricant doit surtout consulter sa propre expérience et ne point changer uniquement pour faire du nouveau. M. Houldsworth travaille avec des machines qui ont vingt ou trente ans, et M. Kennedy faisait de même.

Il pense que le perfectionnement des machines continue toujours et que la même vigilance est toujours imposée aux manufacturiers pour réussir.

La filature n'a rien dû gagner depuis un an; les numéros fins ont seuls eu quelque demande; la difficulté de vendre le fil a été la cause de l'établissement de plusieurs *power looms factories;* les filateurs ont eux-mêmes tissé leur fil, parce qu'un tissu se vend partout, mais non pas le fil.

Quelles que soient les pertes des individus dans les manufactures, il est clair que la société n'y perd rien; elle profite, au contraire, de la baisse des prix produite par les perfectionnements mécaniques.

M. Kennedy me confirme ce que Farker en avait dit, que très peu de fabricants de machines font leur fortune; il est remarquable qu'à Sheffield aucune grande fortune ne s'est formée.

En 1825, il y a eu extrêmement peu de faillites à Manchester parmi les *cotton mills.* Il en a été de même à Glascow.

M. Kennedy a écrit deux articles dans le huitième volume des *Transactions* de Manchester : l'un sur le *Cotton trade,* l'autre sur les *Poor laws.* Son opinion au sujet des *Poor laws* est qu'elles n'ont fait aucun tort au pays et qu'elles maintiennent la *respectabilité* des classes ouvrières. « Si nous n'avions pas ces lois, dit-il, que ferions-nous du peuple aux époques de crise, que serions-nous devenus en 1819 lorsqu'il était dans la détresse et qu'il croyait les hautes classes autour de lui dans l'abondance? » M. Kennedy a trouvé des patentes pour des machines à filer, de 1720 et 1730, et pour des machines à corder presqu'aussi anciennes. Un bateau à vapeur avait été essayé sur le lac Lomond en 1786 (voir Histoire de Glascow). Néanmoins, ces différentes inventions ne furent appliquées que longtemps après leur origine; preuve de la lenteur avec laquelle les machines sont introduites.

« Le travail à la pièce, disait-il, a fait travailler nos ouvriers au delà de tout ce qu'on peut imaginer. Mais, en même temps, il a gâté leur caractère. — « Comment cela? lui dis-je. — Oui, il les a rendus moins « facilement gouvernables. Autrefois, quand un ouvrier voyait un gent-« leman, il lui tirait son chapeau, il le garde maintenant. — Trouvez-« vous grand mal à cela? — Pour moi, non, mais cela blesse nos aris-« tocrates; vous savez combien les hommes tiennent à leurs privilèges « et à leurs préjugés! »

Hier, revenant de Liverpool, un homme du commun arrête le coach, et, comme il n'y avait pas de place *outside*, s'apprête à monter *inside* : le cocher lui dit de laisser la place à un des gentlemen *outside* et de venir *outside* lui-même.

M. Gott.

La conversation tomba sur le changement qui, depuis trente ans, s'est opéré dans la société. A cette époque, il y avait à Leeds vingt ou trente maisons de ce qu'on appelle *bon ton*.

Les chefs étaient des hommes instruits, ayant reçu une éducation classique; tout cela a disparu, et à peine y a-t-il aujourd'hui une maison dont on puisse rechercher la société. On est embarrassé pour compléter le nombre de souscripteurs aux *assembly rooms*. M. Greig (un vieillard vigoureux de soixante-douze ans) disait qu'à Manchester il n'y avait peut-être pas huit familles qui y eussent existé depuis deux générations.

Les vicissitudes du commerce depuis trente années sont la cause de ce fait. Ceux qui ont résisté sont des hommes ayant commencé avec rien, dont l'attention a pu être consacrée entièrement aux affaires; tous les hommes de marque, aujourd'hui, ont eu ces commencements.

Caractère anglais.

M. Martin, de Manchester, m'exprimait le trait le plus saillant peut-être du caractère anglais, en disant qu'un Anglais ne parlait jamais de ce qu'il ne connaissait pas. Cela est parfaitement vrai, excepté quelquefois pour des matières politiques qui intéressent ses passions. Une chose frappante, c'est l'uniformité des manières : il en résulte que vous rencontrez très rarement un gentleman ayant de mauvaises manières.

A chaque pas vous rencontrez un Anglais qui se félicite du changement que les relations avec la France ont causé dans les manières et les opinions de son pays. Il y a eu un temps où les 7/8 de la nation croyaient qu'un Français n'avait pas de cerveau.

NOGENT-LE-ROTROU

IMPRIMERIE DAUPELEY-GOUVERNEUR